AKADEMIE DER WISSENSCHAFTEN UND DER LITERATUR

Abhandlungen der
Geistes- und sozialwissenschaftlichen Klasse
Jahrgang 2006 • Nr. 3

Ernst Heitsch

Altes und Neues zur Ilias

Überlegungen zur Genese des Werkes

AKADEMIE DER WISSENSCHAFTEN UND DER LITERATUR • MAINZ
FRANZ STEINER VERLAG • STUTTGART

Vorgelegt in der Plenarsitzung am 18. Februar 2006,
zum Druck genehmigt am selben Tage, ausgegeben am 10. April 2006.

Bibliografische Information Der Deutschen Bibliothek

Die Deutsche Bibliothek verzeichnet diese Publikation in der Deutschen Nationalbibliografie; detaillierte bibliografische Daten sind im Internet über <*http://dnb.ddb.de*> abrufbar.

ISBN 10: 3-515-08884-9
ISBN 13: 978-3-515-08884-8

Umschlaggestaltung: die gestalten. Joachim Holz, Mainz
Druck: Rheinhessische Druckwerkstätte, Alzey
Gedruckt auf säurefreiem, chlorfrei gebleichtem Papier

Printed in Germany

I

Der Versuch, ein literarisches Werk von Umfang und Eigenart der Ilias zu verstehen, führt, wie die Erfahrung von 200 Jahren Homerforschung lehrt, geradezu automatisch zu dem Versuch, die Genese dieses Werkes zu verstehen. Bevor ich jetzt im folgenden einiges von dem skizziere, was m.E. heute bei einem solchen Versuch zu berücksichtigen ist,[1] seien zwei kurze Vorbemerkungen erlaubt.

Zunächst möchte ich daran erinnern, daß auch Klassischen Philologen, sofern sie sich als Wissenschaftler verstehen, auf ihrem Felde nur Aussagen erlaubt sein sollten, die kontrolliert werden können, also sich der Alternative „wahr oder falsch" stellen. Auch Philologen also müssen argumentieren und beweisen. Aus gewissen Gründen jedoch, auf die ich jetzt nicht eingehen kann, sind für die wirklich interessanten Fragen auf unserem Gebiet sichere Beweise nur außerordentlich schwer zu führen und gelingen im Grunde nur selten. Was günstigenfalls möglich ist, sind Aussagen, die aus guten Gründen als plausibel gelten dürfen.

Und zweitens gilt m.E. nach wie vor, daß Fortschritte in unserer Disziplin in der Regel mit Hilfe der alten philologischen Tugenden gewonnen werden, nämlich durch genaues Lesen der Texte, durch Beobachtungen und durch Kombinationen. Die Entdeckungen Heinrich Schliemanns etwa waren unter verschiedenen Aspekten zweifellos eine großartige Leistung, aber auf die großen Werke zu Homer, die unsere Vorgänger im 19. und 20. Jh. hervorgebracht haben, konnten sie aus einsichtigen Gründen keinen Einfluß haben. Und die Ergebnisse, die in unseren Tagen die neuen Troja-Grabungen von Manfred Korfmann gebracht haben, sind zweifellos hoch interessant, doch für unsere Versuche, die Entstehung der Ilias zu datieren und zu verstehen, ohne jede Bedeutung.

---

1 Zu einigen der angesprochenen Fragen habe ich mich in Beiträgen geäußert, die vereinigt sind in Gesammelte Schriften I, Zum frühgriechischen Epos, München/Leipzig 2001. Verwiesen sei besonders auf „Homer eine Frage der Definition" (dort 9–65) und „Die Welt als Schauspiel. Bemerkungen zu einer Theologie der Ilias" (96–125).

II

Denken wir zunächst an einiges, das für die Ilias charakteristisch ist. (1) Von ihrem Autor wissen wir nur, was aus dem Text über ihn gewonnen werden kann. (2) Auch die Zeit der Entstehung des Werkes, d.h. der schriftlichen Fixierung des uns vorliegenden Textes, ist nur aus eben diesem Text zu erschließen. (3) Die Ilias erzählt von Menschen, deren Verhalten von Maßstäben einer Lebensordnung bestimmt wird, die zur Zeit des Verfassers längst der Vergangenheit angehört. (4) Das Geschehen, von dem die Ilias erzählt, spielt nicht in einem fiktiven Raum der Phantasie, sondern an Orten, die mehrheitlich dem damaligen Hörer bekannt sein konnten und die auch der heutige Leser noch aufsuchen kann. (5) Die Ilias erzählt vergangenes Geschehen, erzählt Geschichten, und diese Geschichten wollen für den zeitgenössischen Hörer Geschichte sein. (6) Allerdings erzählt *unsere* Ilias, also der uns vorliegende Text, diese Geschichten nicht zum erstenmal. Der Verfasser kennt und verwendet bedenkenlos ältere Versionen, auch wenn das innerhalb seines eigenen Werkes gelegentlich zu Rissen, Spannungen und Verwerfungen führt. (7) Unsere Ilias erzählt vom zehnjährigen Kampf um Troja, doch das in eigenartiger Weise. Sie erzählt das Geschehen nur einer kurzen Zeitspanne von etwa 50 Tagen im zehnten Kriegsjahr, und selbst von diesen Tagen dient weit mehr als die Hälfte der Angabe bloßer Dauer: Neun Tage wütet die Seuche im Heer der Achaier, elf Tage sind die Götter bei den Aithiopen, elf Tage schleift Achill die Leiche Hektors jeden Morgen neu um das Grab seines Freundes Patroklos, neun Tage errichten die Troer einen Scheiterhaufen für Hektor. Die erzählte Handlung füllt demgegenüber nur wenige Tage. Doch indem frühere Ereignisse gelegentlich angedeutet oder auch im Rückblick ausführlicher erzählt werden, indem Ereignisse, die der Sache nach an den Anfang des Krieges gehören, großzügig ins zehnte Kriegsjahr gelegt werden, indem manches zukünftige Geschehen, etwa das drohende Ende Trojas, aber auch der Tod Achills jedenfalls andeutungsweise zur Sprache kommt, gelingt es, vom Kampf um die Stadt ein Gesamtbild zu entwerfen. Doch gibt dieses Bild nur den Rahmen ab für jenes dramatische Geschehen weniger Tage, auf dessen Darstellung der Dichter es eigentlich abgesehen hat: den im zehnten Kriegsjahr ausgebrochenen Streit zwischen Agamemnon und Achill und dessen Begründung, die Demütigung Achills durch den Oberfeldherrn, sein berechtigter Zorn und seine Weigerung, in Zukunft noch mitzukämpfen, und schließlich die Folgen dieser Weigerung für die Achaier und die Troer, besonders aber für ihn selbst. Insofern erzählt unsere Ilias nicht die Geschichte vom Kampf um Troja, sondern die Geschichte Achills.

Im folgenden referiere ich zunächst kurz über drei Beobachtungen, die m.E. Konsequenzen haben für das Bild, das wir uns von der Genese unserer Ilias und von der Kompositionsweise ihres Autors zu machen haben. Die drei Beobachtungen stehen hier für manche andere ähnlicher Art, sind also exemplarisch gemeint und sollen die Verschiedenartigkeit möglicher Beobachtungen zeigen, die uns helfen können, den Text zu erschließen (III, IV und V). Anschließend erörtere ich die auch heute wieder aktuelle Frage der absoluten und der relativen Datierung (VI und VII); die zweite der beiden Fragen bedeutet konkret: In welchem Verhältnis steht unsere Ilias zur Aithiopis, einem der anderen frühgriechischen Epen.

III

Zu Beginn unserer Ilias wird der bekannte Streit zwischen Agamemnon und Achill in einer Weise begründet, die dann im gesamten Werk völlig vergessen zu sein scheint. Ist es sonst immer – man ist versucht hinzuzufügen: immer *nur* – der Streit um ein Mädchen namens Briseis, der die beiden entzweit, so liegt ihm zu Beginn ein Vergehen Agamemnons gegen den Gott Apollon zugrunde. Dem Oberfeldherrn war nach der Eroberung einer Stadt bei der üblichen Verteilung der Beute das Mädchen Chryseis zugefallen. Als bald darauf deren Vater, ein Priester Apolls, ins Lager kommt und gegen Lösegeld die Freilassung seiner Tochter erbittet, sind alle dafür, ihm die Bitte zu gewähren, doch Agamemnon schickt den Vater mit Schimpf und handfesten Drohungen davon. Der Priester wendet sich an seinen Gott, der erhört die Bitte und schickt eine Seuche, unter der die Achaier schwer zu leiden haben. Erst als der Oberbefehlshaber sich neun Tage lang nicht rührt, greift Achill ein, klärt mit Hilfe eines Sehers die Ursache der Seuche und dringt darauf, daß Agamemnon die Tochter zurückgibt und den Gott versöhnt. Nach anfänglichem Widerstand ist Agamemnon schließlich auch dazu bereit, verlangt aber sofortigen Ersatz, und als Achill ihn auf später verweist, da doch im Augenblick alle Beute verteilt sei, nimmt Agamemnon ihm nach einem erregten Wortwechsel den eigenen Beuteanteil, nämlich das Mädchen Briseis. Offensichtlich fühlt er sich in mehrfacher Hinsicht von Achill blamiert. Wo er als Oberfeldherr hätte handeln müssen, handelt Achill; Achill klärt im Interesse des gesamten Heeres den Grund der Seuche und sorgt dann dafür, daß das Notwendige getan wird. Agamemnon muß schließlich tun, was er ursprünglich auf keinen Fall gewollt hatte, und er sieht jetzt auch ein, daß Achill eigentlich im Recht ist. Doch gerade deshalb glaubt er es seiner Stellung schuldig zu sein, durch einen demonstrativen Akt den anderen in seine Schranken zu weisen und allen zu zeigen, wer denn noch immer das letzte Wort hat. So entzündet sich zu Beginn *unserer* Ilias der Streit nicht an einem Mädchen, das beide für sich beanspruchen, sondern an Agamemnons Verstoß gegen Verhaltensnormen, die gebieten, einem Bittenden, zumal einem Priester Apollons, angemessen, d.h. mit Ehrfurcht zu begegnen; und die Wegnahme der Briseis ist jetzt nichts anderes als die schäbige Reaktion eines Höhergestellten auf die Tatkraft eines im Range Niederen, der sich zum Anwalt des Gemeinwohls gemacht und einfach das Richtige getan hatte.[2]

Spricht zu Beginn der Ilias aus Achill die Stimme der Vernunft, so ist es an ihrem Ende gerade dieser Achill, der gegen Normen verstößt, von denen der Gott von Delphi will, daß sie beachtet werden. Elf Tage bindet er jeden Morgen neu den toten Hektor an seinen Wagen und schleift ihn dreimal um das Grabmal seines Freundes Patroklos. Dann aber greift Apollon ein. Achill, so etwa sagt er unter den Göttern, denke und handele nicht billig, sei wie ein wildes Tier ohne Scheu und Erbarmen und werde sich noch den Zorn der Götter zuziehen (24,31–54). Worauf schließlich Zeus einen Weg findet, Achill zur Vernunft zu bringen.

Der Autor unserer Ilias läßt wie zu Beginn gegenüber dem Verhalten Agamemnons so am Ende des Werkes gegenüber dem Verhalten Achills die Autorität des Herrn von Delphi zu Wort kommen. Daß das bewußt kom-

2 Daß Chryseis und ihre Geschichte vom Dichter für seinen Beginn der Ilias erfunden sind, halte ich für so gut wie sicher. Weshalb Wolfgang Kullmann (Die Quellen der Ilias, Wiesbaden 1960, 287–288; 297–301; dsb., Homerische Motive, Stuttgart 1992, 177–178) annimmt, der Dichter entnehme sie der Überlieferung, verstehe ich nicht recht; die Meinung widerspricht seinem eigenen Kriterium, daß Funktionscharakter von Personen und Geschichten für Originalität, Funktionslosigkeit dagegen für Übernahme aus der Überlieferung spreche (Quellen 15–16 und öfter). Und wenn zu Beginn der Ilias irgendetwas Funktion hat, dann Chryseis: Nur dadurch, daß der Dichter ihre Geschichte dem Streit um Briseis vorschaltet, gelingt es ihm, den Streit der beiden Kontrahenten tiefer zu begründen in einer Kränkung Apolls durch *Agamemnon*; und *dieser* Kränkung des Gottes läßt er dann im letzten Buch einen Verstoß *Achills* gegen von demselben Gott garantierte Verhaltensnormen entsprechen. Die grundsätzlichen Bedenken, die Uvo Hölscher in einer Rezension von Kullmanns ‚Quellen' geäußert hat (Gnomon 38, 1966, 113–127), sind m.E. nach wie vor beachtenswert.

poniert ist, halte ich für sicher. Sicher aber ist m.E. auch, daß *diese* Konzeption, die in der gesamten Ilias sonst keine Spuren hinterlassen hat, erst spät dazugekommen ist. Für das Bild aber, das in unserer Ilias von den beiden Widersachern gezeichnet wird, kommt noch folgendes hinzu: Beide unterliegen im Laufe der Iliashandlung einer gegenläufigen Entwicklung. Zu Beginn hat sich Agamemnon durch sein Verhalten völlig isoliert. Alle wollen dem Priester entgegenkommen, nur er nicht; und in seiner Weigerung und Verblendung versteift er sich so weit, daß er sich schließlich zur Demütigung seines besten Kämpfers hinreißen läßt. Im Fortgang des Geschehens bleibt er zwar der, der er immer war, der nur auf seine Stellung bedacht ist und glaubt, alle Fehler, die ihm möglicherweise passiert sind, materiell korrigieren zu können; immerhin aber sucht er wieder Anschluß an die Gefährten und findet auch, als er sich in größter Not zu einem Versöhnungsangebot versteht, durch den Umfang der materiellen Versprechungen, die er Achill macht, in gewissem Sinne deren bedingte Zustimmung.[3] Achill demgegenüber, der sich anfangs zum Vertreter der allgemeinen Interessen macht und sich für Respekt vor dem Apollonpriester und für richtiges Verhalten einsetzt, sieht sich zunächst in völliger Übereinstimmung mit der Masse des Heeres, geht dann aber in seiner berechtigten Erbitterung über jedes Maß hinaus, hört auch nicht auf die Bitten der engsten Gefährten, wird schuldig am Tode ungezählter Achaier, die ihn immer verehrt haben, und schuldig auch am Tode des Freundes, endet in völliger Isolation (9, 697–703) und sieht am Ende auch das eigene Leben zerstört. Er wird dann zwar in den Kampf zurückkehren, Hektor überwinden, Patroklos und die vielen namenlosen Achaier rächen. Doch er weiß, daß alles, was er noch tun kann, zu spät ist. Eine Möglichkeit, noch einmal Frieden zu finden mit sich selbst, deutet sich für ihn erst an im Zusammentreffen mit Priamos, in der gemeinsamen Klage mit ihm, dem Vater seines ärgsten Gegners, um das jeweils eigene Leid und in der Vergegenwärtigung jener Distanz, die menschliches Leben von dem der Götter scheidet (24, 485-531/51).[4]

---

3 Nestor hatte Agamemnon geraten, Achill „mit Geschenken und Worten“ zu versöhnen (9,113); und als Agamemnon dem nachkommt und seine quantitativ wirklich imposanten Versöhnungsgaben, zu denen er bereit ist, aufgezählt hat, urteilt Nestor „Was die Geschenke angeht, so bietest du, was nicht mehr zu tadeln ist“ (9,164 δῶρα μὲν οὐκέτ' ὀνοστὰ διδοῖς Ἀχιλῆϊ ἄνακτι). Mit μὲν läßt der Dichter allerdings Nestor einen gewissen Vorbehalt betonen: Denn was Agamemnon ausgeführt hat, enthält auch nicht die Andeutung einer Bitte um Verzeihung. Ausführlicher hierzu Ges. Schr. I 41–45.

4 Dazu unten Anm. 25.

Ich denke, die Größe unserer Ilias liegt nicht in der Darstellung eines vergangenen Heldenideals, sondern in der Problematisierung dieses Ideals, in seiner Humanisierung.

IV

Nach der Darstellung der Ilias haben die Troer den Kampf auf offenem Feld neun Jahre lang vermieden und sich hinter oder auf die Mauern zurückgezogen, die für damaliges Belagerungsgerät unbezwingbar waren. Um von den Angreifern nicht überrascht zu werden, hatten sie einen der Ihren, der für seine Schnelligkeit bekannt war, als Späher weit vor der Stadt auf einem Hügel postiert; und diese Maßnahme hatte sich offensichtlich bewährt und dafür gesorgt, daß die Belagerten niemals von einem Angriff überrascht worden waren. Im zehnten Kriegsjahr aber ändern sie eines Tages ihre bisher so erfolgreiche Taktik, öffnen auf die Nachricht vom Heranrücken der Feinde die Tore und ziehen ihnen unter Führung Hektors entgegen. Weshalb tun sie das? Sind sie von allen guten Geistern verlassen?[5]

Nun hatte Zeus inzwischen der Göttin Thetis versprochen, ihrem Sohn Achill für die Kränkung, die er von Agamemnon erfahren hatte, Genugtuung zu verschaffen (1,495–530). Was sicherlich am leichtesten möglich war, wenn es draußen vor den Toren zu einer Feldschlacht kam, in der dann die Achaier ohne Achill, ihren besten Mann, auskommen mußten und so am eigenen Leib erfuhren, was ihr Oberfeldherr angerichtet hatte. Und das Geschehen der nächsten Tage geht denn auch wirklich, aufs Ganze gesehen, in diese Richtung, und Hektor und seinen Truppen wäre es schließlich um ein Haar gelungen, die Schiffe der Angreifer zu verbrennen und sie selbst ins Meer zu werfen, wenn nicht doch in letzter Not Achill eingegriffen, die Troer in die Stadt zurückgetrieben und Hektor im Zweikampf überwunden hätte. Doch daß es dazu kommen konnte, dafür mußten die Troer natürlich erst einmal den Schutz der Mauern verlassen. Und wie konnte der Iliasdichter sie zu einem solchen Verhalten motivieren? Oder anders: Wie konnte er dem Hörer oder Leser ein solches Verhalten begreiflich machen?

Ich denke, jeder, der den Überlegungen bis hierher gefolgt ist, sieht, daß es auf diese Frage im Grunde nur eine einzige Antwort gibt, und die bietet

5 Zum folgenden auch ‚Der Ausbruch der Troer in unserer Ilias' in Ges. Schriften I, 85–95 (zuerst in: Resonanzen – Festschrift für Hans Joachim Kreutzer. Würzburg 2000).

sich im Rahmen dessen, was in unserer Ilias bis hierher erzählt worden ist, sozusagen von selbst: Die Troer müssen lediglich erfahren, daß Achill nicht mehr mitkämpft und sie daher eine echte Chance haben. Erfahren aber können sie diese unerwartete und für sie so erfreuliche Tatsache, wie es scheint, am einfachsten von dem weit vor der Stadt postierten Späher. Ist also er ein denkbarer Überbringer dieser Nachricht? Gegen ihn als Übermittler ließe sich immerhin einwenden, daß er, der auf Beobachtungen angewiesen ist, von dem, was sich im Lager der Achaier inzwischen abgespielt hat, ja eigentlich gar nichts wissen kann. Und um erkennen zu können, daß unter den heranrückenden Feinden Achill und seine Myrmidonen heute fehlen, dafür hätte er die Angreifer wohl doch zu nahe herankommen lassen müssen; ganz abgesehen davon, daß dahinter ja auch Taktik stehen konnte. Mit anderen Worten: Realistisch betrachtet, ist der Späher eben doch kein möglicher Überbringer der günstigen Nachricht. Und tatsächlich scheint auch der Dichter genau so gedacht zu haben. Er erfindet daher, daß Zeus die Götterbotin Iris, versehen mit Stimme und Gestalt des Spähers (!), in die Stadt schickt; und sie als Göttin kann natürlich vom Streit und von Achills Verweigerung wissen. Allerdings, was sie den Troern und ihrem König Priamos sagt, ist nun alles andere als das, was der aufmerksame Hörer oder Leser erwartet (2, 796–806):

> Alter, noch immer gefallen dir unentschlossene Reden,
> so als ob Frieden wäre. Doch Krieg, unausweichlich, erhebt sich.
> Wahrlich, schon oftmals bin ich im Kampfe der Männer gewesen,
> doch noch niemals hab ich ein solches, so zahlreiches Heer je gesehen.
> Gleich an Zahl der Blätter des Waldes, dem Sande des Meeres
> ziehen sie durch das Gefilde, die Stadt ringsum zu bestürmen.
> Hektor, vor allem dir gilt mein Rat, so sollst du jetzt handeln:
> Zahlreich sind in der Stadt die Truppen der Bundesgenossen,
> jeder von ihnen spricht anders, denn weit zerstreut sind die Menschen.
> Jede Abteilung mit eigenem Führer: Die sollen befehlen
> und sie ins Feld hinaus führen, geordnet nach ihrer Herkunft.

So weit die Göttin. Berichtet sie irgendetwas, was der Späher nicht auch hätte berichten können? Gerade von jenen Dingen, von denen wohl sie als Göttin, nicht aber der Späher wissen konnte, gerade von ihnen berichtet sie gar nichts. Kein Wort also vom Fehlen Achills, und so liefert sie den Troern auch keinen Grund für eine Änderung der bisher befolgten Taktik, den

Feind auf den Mauern zu erwarten. Wenn sie statt dessen den Anmarsch eines gewaltigen Heeres meldet und vorschlägt, daß die in der Stadt versammelten Truppen und Hilfsvölker, nach Landsmannschaften geordnet, ihm draußen im Felde entgegentreten, so klingt das, als befände sich die Handlung nicht im zehnten Jahr der Belagerung, sondern am Beginn des Krieges, als das Heer der Achaier sich zum erstenmal der Stadt nähert. Wozu nun trefflich paßt, daß im anschließenden Buch, also im dritten unserer Ilias, bevor noch die Heere aneinandergeraten, die beiden Hauptbeteiligten, Paris und Menelaos, sich erkennen und die beiden Heerführer nach einigem Hin und Her übereinkommen, daß die beiden Konkurrenten um Helena die Sache in einem Zweikampf unter sich ausmachen, für die übrigen aber, wie der Kampf auch ausgehe, Frieden herrsche. Ein solcher Zweikampf, der den Kampf der Massen zu deren Freude überflüssig machen würde, gehört offenbar ebenfalls an den Beginn des Krieges. Was nun erst recht für jene Episode des dritten Buches gilt, in der Priamos, auf der Mauer stehend, sich von Helena die Führer der anrückenden Achaier identifizieren läßt, so als sähe er sie heute, an einem Tag des zehnten Kriegsjahres, zum erstenmal.

Ein Ausmarsch der Troer, wie ihn die Göttin hier vorschlägt, gehört in der Tat an den Beginn des Krieges und brauchte dort auch nicht eigens begründet zu werden: Im Vertrauen auf die eigene Stärke und die zahlreichen Verbündeten konnte man in der Stadt hoffen, den Angreifer in offener Feldschlacht ins Meer zu werfen und so eine längere Belagerung von vornherein zu verhindern. An diesen Beginn und nicht ins zehnte Kriegsjahr gehören dann aber anläßlich des ersten Aufeinandertreffens auch die Listen der anrückenden Heere, also der sog. Schiffskatalog und der Katalog der Troer. Und eben dorthin gehört, was in unmittelbarem Anschluß im dritten Buch erzählt wird: Der Zweikampf Paris gegen Menelaos und der König Priamos, der sich über die Anführer der Feinde informieren läßt. Offenbar haben wir hier in den drei (oder auch fünf) Szenen einen alten Zusammenhang, den der Iliasdichter unbekümmert übernimmt. Daß das im Rahmen seiner Konzeption, die durch eine Datierung ins zehnte Kriegsjahr bestimmt ist, zu Verwerfungen führen mußte, hat er hingenommen. Merkwürdig bleibt aber immer, daß er nicht wenigstens die verblüffende und jetzt unbegründet bleibende Tatsache, daß die Troer ihre bislang befolgte Taktik ändern,[6] mit dem Fehlen Achills begründet hat, was er,

---

6 Daß der Vorschlag dazu von einer Göttin stammt, ist kein Einwand und nur eine typische Verlegenheitsauskunft (nicht nur des Dichters, sondern auch der Interpreten). Gerade

wie gezeigt, im Rahmen seiner Konzeption und mit Hilfe der in Gestalt des Spähers auftretenden allwissenden Göttin leicht gekonnt hätte. Offensichtlich begegnet er älteren Texten, die er verwendet, mit größter Pietät. Im übrigen aber können solche übernommenen Texte natürlich auch seine eigenen sein. Nimmt man einmal an – mit Karl Reinhardt[7] und Martin West[8] –, daß der Iliasdichter Jahrzehnte an seinem Werk gearbeitet hat, so wäre das, jedenfalls grundsätzlich, durchaus denkbar. Soll demgegenüber die Annahme plausibel sein, daß solche in unsere Ilias übernommenen Texte andere Verfasser haben, sind eigene Begründungen erforderlich.

V

Im Epos wird das Geschehen auf Erden von den Göttern und besonders von Zeus bestimmt. So sind nicht nur Hab und Gut, sondern ebenso charakterliche Eigenschaften, aber auch Erfolg oder Mißerfolg „Gaben der Götter" (δῶρα ϑεῶν), wie der formelhafte Ausdruck lautet. Natürlich bittet der Mensch die Götter um *gute* Gaben, weiß aber, daß er auch schlechte hinnehmen muß und daß auch nicht alle Bitten erhört werden. Im Rahmen dieser Anschauung verdienen die folgenden zwei Stellen Aufmerksamkeit.

Im siebten Buch fordert Hektor einen der Achaier zum Zweikampf. Als dann Aias ihm entgegentritt, wenden die Achaier sich vor Beginn des Kampfes an Zeus und bitten ihn um den Sieg ihres Mannes oder – gegebenenfalls – um ein Unentschieden. Die fraglichen Worte lauten: „Zeus, gib, daß Aias den Sieg und herrlichen Ruhm erringt. Wenn du aber auch Hektor liebst und dich seiner annimmst, so gib beiden gleiche Stärke und Ehre" (7,202–205). In einem Kampf, der über mehrere Runden geht, zeigen sich dann die Gegner als ebenbürtig. Schließlich greifen die Herolde ein und trennen sie mit den Worten: „Kämpft und streitet nicht weiter, denn Zeus

---

jenes Wissen, das nur sie haben kann und das, wenn sie davon berichten würde, das folgende Geschehen sinnvoll motivieren würde, von ihm läßt der Dichter sie *nicht* sprechen.

7 Die Ilias und ihr Dichter, Göttingen 1961. Das Buch, von Reinhardt leider längst nicht vollendet, mußte von Uvo Hölscher aus den nachgelassenen Papieren zusammengestellt werden, ist m.E. aber auch so eines der faszinierendsten Homerbücher neuerer Zeit, weil Reinhardt – auch darin anders als viele Philologen – neben dem ästhetischen Aspekt den historischen nicht vernachlässigt.

8 In der unten in Anm. 13 genannten Arbeit von 2003.

liebt euch beide“ (7,299). Die Darstellung dieses Duells, das unentschieden endet, hält sich offensichtlich streng im Rahmen der genuin epischen Anschauung: Sieger wird, wen Zeus liebt und siegen läßt; gegebenenfalls, wenn er beide liebt, läßt er keinen verlieren, sondern gibt ihnen gleichen Ruhm.

Ganz anders dagegen eine Stelle im 20. Buch, die im frühgriechischen Epos tatsächlich singulär ist.[9] Als dort Apollon Aineias auffordert, Achill entgegenzutreten, ist der von diesem Ansinnen nicht sonderlich erbaut und erinnert den Gott daran, daß er schon einmal diesem Gegner nur mit knapper Not entkommen sei. „Denn – so begründet er sein Zögern – diesem Mann steht immer einer der Götter zur Seite. Würde einmal ein Gott gleiche Chancen gewähren, dann würde Achill nicht sehr leicht siegen, auch wenn er sich rühmt, ganz aus Erz zu sein“ (20, 97–102). Mit der Litotes „nicht sehr leicht“ meint Aineias natürlich, wie denn auch mehrere epische Belege bestätigen,[10] „er würde überhaupt nicht siegen“, zumal er eben *nicht* aus Erz, also nicht unverwundbar ist. Die Vermessenheit, die hier zur Sprache kommt, grenzt nun allerdings im Rahmen epischer Anschauungen fast schon an Blasphemie: Der Sprecher behauptet ja, daß ein Kampf mit Achill immer unter unfairen Bedingungen stattfinde. Wäre es einmal anders, würde sich zeigen, daß Achill durchaus verwundbar sei; und damit hätte Aineias eine Chance, ihn zu überwinden. Hier wird offenbar ein Sieg, den Aineias sich durchaus zutraut, nicht mehr als „Gabe der Götter“, sondern als durch eigene Tüchtigkeit errungener Erfolg verstanden, der dadurch möglich würde, daß die Götter „beide lieben“ und ihnen damit „Gleiches“, also Chancengleichheit gewähren. Wie gesagt, die Stelle ist im frühgriechischen Epos einzig.[11] Weitere Belege für diese damals neue Sicht menschlichen Handelns finde ich erst im 5. Jh. So läßt Herodot jemanden sagen: „Wenn

---

9 Hierzu auch ‚Erfolg als Gabe oder Leistung‘: Ges. Schr. I 126–130 (zuerst: Et Scholae et Vitae. Festschrift für Karl Bayer. München 1985).

10 12, 53–54.58; 20, 265–66; 24, 566–67. – In zuversichtlichen Voraussagen neigt der Sprecher leicht zu ironisch milderndem Sprachgebrauch: 20, 362–63. So auch hier in 20, 101–102.

11 Die Aineias-Partie des 20. Buches (mit der unsäglichen Rede des Aineias), in der diese Stelle steht, ist denn auch aus anderen Gründen mit Sicherheit relativ spät: Sie enthält u.a. als Ausdruck für Chancengleichheit die katachrestische Verwendung einer Formulierung Hesiods (20,101 ἶσον τείνειεν πολέμου τέλος = Hesiod, Theog. 638 ἶσον δὲ τέλος τέτατο πτολέμοιο). Dazu auch Ges. Schr. I 84-87 und vor allem Norbert Blössner, Die singulären Iterata der Ilias (Bücher 16–20), Stuttgart 1991, 32–38. Auch unten Anm. 37.

ihr meinem Rat folgt, so verspreche ich euch, daß die Feinde, *wenn die Götter Gleiches gewähren* (ϑεῶν τὰ ἴσα νεμόντων), entweder den Kampf nicht wagen oder, wenn sie ihn wagen, weit unterliegen werden“ (VI 11,3); und ähnlich an einer anderen Stelle (VI 109,5): „*Wenn die Götter Gleiches gewähren*, sind wir in der Lage, den Kampf zu gewinnen.“ Gleiche Begünstigung durch die Götter garantiert im 5. Jh. offensichtlich nicht mehr, wie normalerweise bei Homer, ein Unentschieden, sondern ermöglicht, wie in der Ilias ein einziges Mal im 20. Buch, den eigenen Sieg, dessen sich die Sprecher für diesen Fall sicher sind. Nach dieser „moderneren“ Auffassung gibt den Ausschlag bei gleicher Begünstigung durch die Götter die eigene Tüchtigkeit. Und so schließlich auch das berühmte Epigramm, das Euripides nach der Katastrophe der Athener auf Sizilien für den in Athen zum Gedenken an die Gefallenen errichteten Kenotaph verfaßt hat: „Diese Männer haben die Syrakuser achtmal besiegt, solange die Götter beiden Seiten das Gleiche gewährten“ (überliefert bei Plutarch, Nikias 17,4).[12]

Die unter III referierten Beobachtungen zu Chryseis, zur Beachtung oder Nichtbeachtung der von Delphi vertretenen Normen und zu einer gegenläufigen Entwicklung der beiden Kontrahenten im Laufe der Erzählung weisen auf einen Dichter, der einen Blick hat für religiöse und anthropologische Phänomene, für menschliche Reaktionen in extremen Situationen. Die unter IV referierten weisen auf die erstaunliche Tatsache, daß in unserer Ilias, die die Darstellung eines historischen Geschehens unter das Zornmotiv stellt und auf eine dramatische Handlung weniger Tage im zehnten Kriegsjahr zusammendrängt, sich trotzdem ein offenbar alter Zusammenhang vom ersten Ausmarsch der Troer zu Beginn der Belagerung, vom Zweikampf Paris/Menelaos und von der Mauerschau deutlich erkennbar erhalten hat. Was unter V dargestellt ist, spricht davon, daß in der Spätphase des Epos sich modernere, profane, fast blasphemische Anschauungen entwickeln, für die es in dieser Form Belege sonst erst im 5. Jh. gibt. In einem differenzierten Bild von der Genese unseres Epos die Vielfalt der angesprochenen Gesichtspunkte zu berücksichtigen, bleibt die Aufgabe der Philologen. Wenn wir mit einem Rhapsoden rechnen, der Jahrzehnte an seinem Werk gearbeitet und dabei sowohl Erzählungen älterer Konzeption

12 Οἵδε Συρακοσίους ὀκτὼ νίκας ἐκράτησαν ἄνδρες, ὅτ' ἦν τὰ ϑεῶν ἐξ ἴσου ἀμφοτέροις. Zu diesem Epigramm, dessen Echtheit gelegentlich bezweifelt wurde, mein Beitrag Τὰ Θεῶν: Ges. Schr. III, München/Leipzig 2003, 155–160 (zuerst: Hermes 111, 1967).

als auch Anschauungen jüngeren Datums übernommen und berücksichtigt hat, könnte sie lösbar sein. Das führt auf die Frage der (absoluten und relativen) Datierung unserer Ilias. Ihr wende ich mich in den beiden folgenden Abschnitten VI und VII zu.

VI

Die Überlegungen, die wir uns heute zur Datierung unserer Ilias und zu ihrer Genese machen können, sind entscheidend gefördert worden durch zwei Aufsätze von Martin L. West aus den Jahren 1995 und 2003.[13] Zunächst also zur absoluten Datierung, die nach wie vor kontrovers ist.[14]

Für die Erzählung unserer Ilias sind Wall und Graben um das Lager der Achaier fester Bestandteil. Um die Befestigung wird gekämpft; auf ihr verteidigen sich die Achaier; sie muß von den Troern durchbrochen werden, bevor es zum Kampf um die Schiffe kommt; am Graben zeigt sich, als Patroklos gefallen, Achill und treibt durch sein bloßes Erscheinen und die Macht seiner Stimme die Troer zurück. Die Lagerbefestigung ist also eine feste Größe, die an vielen Stellen der Erzählung nicht wegzudenken ist. Und auch ihr Bau wird erzählt. Nestor hat zu ihm geraten, und die Achaier sind seinem Rat gefolgt (7,337–343 und 433–441). Nestors Rat – im zehnten Kriegsjahr gegeben und auch dort nicht etwa, was eigentlich nahegelegen hätte, in dem Augenblick, da Achill sich aus dem Kampf zurückzieht – setzt voraus, daß das Lager bis dahin unbefestigt geblieben war. Was, realistisch betrachtet, unmöglich ist. Wer an fremder Küste landet, um dort eine wohl befestigte Stadt oder Burg zu belagern, sorgt erst einmal für die eigene Sicherheit. Die Anlage einer Befestigung, wenn denn überhaupt von ihr berichtet werden sollte, gehört also an den Anfang der Erzählung oder

13 The Date of the Iliad: Mus. Helv. 52, 1995, 203–219 (dazu auch Wests Buch The East Face of Helicon. West Asiatic Elements in Greek Poetry and Myth. Oxford 1997. 377–380). Iliad and Aethiopis: Class. Quart. 53, 2003, 1–14.

14 Die alte, u.a. auch von Wolfgang Schadewaldt vertretene Datierung „in die dreißiger oder zwanziger Jahre des 8. Jh.“ noch bei Joachim Latacz (Homer. Düsseldorf/Zürich ³1997, 82; und auch sonst), der merkwürdigerweise behauptet, „dieser Zeitansatz (gilt) heute in der internationalen Homerforschung in der Tat als der wahrscheinlichste“ (82). Dazu Wolfgang Kullmann, Gnomon 73, 2001, 658: „Lataczs Ansatz der Ilias im 8.Jh. … beruht auf reiner Konvention und kann nicht richtig sein.“ Ferner die bei West 2003 (oben Anm. 13), 12 n. 56 genannte Literatur.

konnte, da selbstverständlich, vom Erzähler auch einfach übergangen werden. Wenn unsere Ilias ihre Anlage ins zehnte Kriegsjahr datiert, so gehört das zunächst einmal zu jenen „Großzügigkeiten", über die ich schon gesprochen habe. Thukydides hat den Autor denn auch stillschweigend korrigiert: „Daß die Achaier bei ihrer Ankunft in einem Kampf gesiegt hatten, ist klar; sonst hätten sie die Befestigung um das Lager nicht bauen können" (I 11,1).[15]

Wie gesagt, der Iliasdichter hätte den Bau der Befestigung, da selbstverständlich, einfach übergehen und trotzdem ihre Existenz dort, wo in seiner Erzählung erforderlich, ohne weiteres voraussetzen können. Daß er ihren Bau, im zehnten Kriegsjahr, doch noch ausdrücklich erwähnt, hat keinen anderen Grund als den, daß er von ihrer späteren Zerstörung erzählen will, die von ganz besonderer Art gewesen ist. Und das mußte sie auch sein, weil die Befestigung, die die Achaier nun um ihr Lager errichten, von so gewaltigen Dimensionen gewesen sein soll, daß Poseidon ernsthaft befürchtet hatte, der Ruhm dieser Anlage werde den Ruhm der von ihm und Apollon einst errichteten Burg von Troja (!) in den Schatten stellen. So mußte Zeus ihn beruhigen mit der Voraussage, daß nach dem Ende des Krieges die Lagerbefestigung der Achaier dem Erdboden gleich gemacht werde (7,445–463); was dann auch später geschehen ist, wie der Dichter zu berichten weiß (12,10–33). Das spurlose Verschwinden des gewaltigen Bauwerks, das Poseidon so besorgt gemacht hatte, ist aber nicht etwa, wie man bei einer Lagermauer ja eigentlich erwarten sollte, das Werk der Zeit, sondern verdankt sich einer besonderen Methode der Zerstörung: Nur weil der Dichter von dieser besonderen Methode, gewaltige Bauwerke mit Hilfe umgeleiteter Wassermassen verschwinden zu lassen, erzählen wollte, hat er die einigermaßen merkwürdige Episode von Mauerbau und Poseidons Sorge überhaupt eingefügt. Und von dieser bis dahin unbekannten Methode wollte er erzählen, weil sie ihm aus der politischen Geschichte seiner Zeit, genauer: aus den Berichten über die Zerstörung Babylons durch die Assyrer i.J. 689 bekannt geworden war, die der Zerstörer selbst, Sennacherib, und besonders der Sohn und Nachfolger Esarhaddon (ab 681) gegeben haben. Die Vermittlung aber könnte, wie West (215) vermutet, durch die nachweisbare assyrische Hofdichtung erfolgt sein.[16]

15 Dazu Peter Von der Mühll, Kritisches Hypomnema zur Ilias. Basel 1952, 138 Anm. 39.

16 Der Weg, auf dem die Kunde zu den griechischen Epikern gekommen ist, läßt sich selbstverständlich nicht genau angeben. Doch zweifellos waren die Brüder von Alkaios

Ich denke, die Annahme, der Bau der Wundermauer, die noch den Ruhm der Burg von Troja übertreffen werde, sei nur deshalb erzählt worden, damit ihre Zerstörung erzählt oder, zur Beruhigung Poseidons, von Zeus vorhergesagt werden konnte, ist evident. Und Wests Vermutung, daß der Iliasbericht von der besonderen Art der Zerstörung Bezug nimmt auf ein Zeitereignis, ist plausibel und stimmt im übrigen auch gut zu dem Ansatz, den Walter Burkert vor Jahrzehnten vorgeschlagen hat mit dem Hinweis auf das Echo, das die Zerstörung des reichen ägyptischen Theben i.J. 663 durch Assurbanipal in der Ilias (9,381–384) gefunden hat.[17] Damit erhalten wir für unsere Ilias endlich einen sicheren Terminus post quem. Wenn wir daher für ihre Ausarbeitung mit den mittleren Jahrzehnten des 7. Jh. rechnen – West rechnet etwa mit der Zeit 670–630 –, so stimmt eine solche Datierung nicht nur mit anderen Beobachtungen überein,[18] sondern läßt sich – auch wieder

und Sappho seinerzeit nicht die einzigen Griechen, die in Babylon und Ägypten gewesen sind. Und die internationalen Kontakte der östlichen Griechen sind in den letzten Jahrzehnten vor allem durch Arbeiten von Walter Burkert und Martin West in aller Deutlichkeit nachgewiesen worden; ich nenne hier nur ‚Die orientalisierende Epoche in der griechischen Religion und Literatur' (Heidelberg 1984) von W. B. und das schon oben Anm. 13 genannte Buch ‚The East Face of Helicon' (Oxford 1997) von M. W. Eine kurze Übersicht über „philosophische" Kontakte habe ich in dem Referat ‚Jonien und die Anfänge der griechischen Philosophie' gegeben mit Belegen auch für das in der Altertumswissenschaft weit verbreitete Zögern, solche Kontakte anzuerkennen: Ges. Schriften II, Müchen/Leipzig 2001, 30–39.

17 W.B., Das hunderttorige Theben und die Datierung der Ilias: Kleine Schriften I: Homerica. Göttingen 2001, 59–71 (zuerst: Wiener Studien 89, 1976). Allerdings sind die fraglichen Verse relativ leicht aus dem Text zu entfernen (was natürlich auch Burkert weiß). Das ist bei der Mauer anders. Zwar ist auch hier nicht gesagt, daß überall dort, wo später die Mauer erwähnt oder vorausgesetzt wird, schon immer die gewaltige Nestor-Mauer gemeint war, doch *deren* Entfernung aus dem Text würde eben doch sehr viel stärkere Eingriffe erfordern.

18 So haben die Untersuchungen von K. Friis Johansen (The Iliad in Early Greek Art. Copenhagen 1967) und Klaus Fittschen (Untersuchungen zum Beginn der Sagendarstellungen bei den Griechen. Berlin 1969) zu dem Ergebnis geführt: „Als wirklich gesicherte Darstellungen aus der Ilias können also nur 5 Vasenbilder gelten, die alle dem letzten Viertel des 7. Jhs. angehören" (Fittschen 177). – Ich verweise hier nur noch auf einige Fälle, wo die Annahme plausibel ist, daß Formulierungen der Ilias beeinflußt sind durch vergleichbare Hesiods oder des Apollonhymnos: 8,13–16 (Th. 720–725); 12,20–22 (Th. 337–345); 18,39–49 (Th. 240–262); 18,419f. (Op. 61–64); 20,101 (Th. 638); 20,142 (h.Apol. 187); 23,87 (Op. 654–656). Dazu Wests Ausführungen in seinen beiden Kommentaren zu Hesiod: Theogony (Oxford 1966) und Works and Days (Oxford 1978); ferner West in seinem oben Anm. 13 genannten Beitrag (1995) 208–209 und in ‚Frühe Interpolationen in der Ilias' (Nachr. Akad. Göttingen 1999, Nr. 4); meine Kl. Schr. I 85–90; und die einschlägigen Ausführungen in den Arbeiten zu den ‚Singulären Iterata der Ilias' von Hans Ramersdorfer (Bücher 1–10: Beiträge zur Klass. Philologie 137. König-

auf den Spuren von Martin West – durch die Beziehungen zwischen Ilias und Aithiopis bestätigen. Allerdings werden die Dinge m. E. hier verwickelter, verwickelter auch, als West selbst gemeint hat.

VII

Das frühgriechische Epos erzählt u.a. von zwei Freunden Achills, die in einem Augenblick, da Achill nicht mitkämpft, von stärkeren Gegnern überwunden werden: In der Ilias Patroklos, der anstelle Achills den Achaiern hilft, von Hektor, in der Aithiopis Antilochos, der seinen bedrängten Vater Nestor rettet, von Memnon. In beiden Fällen veranlaßt der Tod des Freundes Achill, in den Kampf zurückzukehren und am Gegner Rache zu nehmen. Daß zwei Rhapsoden unabhängig von einander dieselbe Konstellation erfunden hätten, ist wenig wahrscheinlich. Doch welche der beiden Versionen ist die ältere? Die Frage wird seit dem 19. Jh. kontrovers diskutiert[19] und ist nicht zuletzt auch deshalb schwierig, weil die Aithiopis uns nicht erhalten ist und die fraglichen Szenen aus Berichten und Vasenbildern

stein 1981), Peter Csajkas (Bücher 11–15: Beiträge zur Altertumskunde 164. München/ Leipzig 202), Norbert Blössner (Bücher 16–20: Beiträge zur Altertumskunde 13. Stuttgart 1991) und Peter Roth (Bücher 21–24: Beiträge zur Klass. Philologie 194. Frankfurt 1989). Übrigens paßt zu dieser Datierung aufs beste die von West wiederholt betonte Tatsache (Theogonie-Kommentar 40 und 47; West (1995) 203 Anm. 3), daß für die griechischen Autoren offenbar bis zum späten vierten Jahrhundert v.Chr. die Reihenfolge Hesiod – Homer gegolten hat. – Zu der fast endlos erörterten Inschrift auf dem sog. Nestorbecher von Pithekussai (aus der Zeit 735–720) Bryan Hainsworth in Band III des Cambridge-Kommentars zur Ilias (Cambridge 1993) zu 11,632–635 und West (1995) 205. Angesichts der Tatsache, daß schon vor Abfassung der Ilias Generationen von Sängern ihr Handwerk ausgeübt haben, besteht keinerlei Grund zur Annahme, die fragliche, vermutlich witzig gemeinte, doch infolge einer Lücke nicht eindeutig verstehbare Inschrift setze etwa Ilias 11,632–37 voraus. Nestor, der nicht zur Generation der Trojakämpfer gehört, sondern drei Generationen älter ist, ist eben längst der Alte, für den nicht mehr Schwert, Schild und Kampfwagen, sondern Erzählungen und vor allem der Becher charakteristisch sind. Zur Frage einer möglichen Abhängigkeit der Inschrift richtig, übrigens gemeinsam mit W. Schadewaldt, Kullmann 1960 (oben Anm. 2) 257.

19 So haben, um hier nur wenige zu nennen, Erich Bethe (Homer I, Leipzig 1914, 109–114) und Ulrich von Wilamowitz (Die Ilias und Homer, Berlin 1916, 45–46) die Aithiopis für älter gehalten; Wolfgang Schadewaldt (Iliasstudien, Leipzig 1938, 47 Anm. 2) hatte dem zunächst widersprochen, dann aber seine Meinung geändert und Heinrich Pestalozzi (Die Achilleis als Quelle der Ilias, Zürich 1945) lebhaft zugestimmt (Von Homers Welt und Werk, Stuttgart [3]1959, 155–202).

rekonstruiert werden müssen.[20] West hat jetzt m.E. mit guten Gründen gegen die von neoanalytischer Seite vertretene Meinung für Priorität der Ilias plädiert,[21] doch alsbald den Widerspruch von Wolfgang Kullmann erfahren.[22]

Ich gehe davon aus, daß West recht hat,[23] meine aber zeigen zu können, daß die Verhältnisse verwickelter sind, als West sie darstellt. Es gibt einige wenige Szenen der Ilias, die in der Spätphase ihrer Genese formuliert und von der Aithiopis beeinflußt worden sind. Ist das richtig, so ist damit noch nicht ohne weiteres an Eingriffe eines oder mehrerer jüngerer Rhapsoden zu denken. Karl Reinhardt hat, wie schon gesagt, vor einem halben Jahrhundert mit Nachdruck die Meinung vertreten, der Iliasdichter habe ein Leben lang an seinem Werk gearbeitet; was übrigens, wie Reinhardt überzeugt ist, dem Werk nicht nur zum Vorteil gereicht hat. Und West zögert jetzt nicht, mit einer Schaffenszeit von 20 oder gar 40 Jahren zu rechnen, in denen er die ursprüngliche Konzeption seiner Erzählung stark modifiziert habe. Das Bild, das auf diese Weise von der Arbeit des Iliasdichters entsteht, halte ich grundsätzlich für plausibel, meine auch, daß manche Beobachtungen Früherer, die zur Annahme von Eingriffen jüngerer Rhapsoden geführt haben, eher die Vermutung nahelegen sollten, der Iliasdichter selbst habe seinen Text verändert, korrigiert, erweitert; meine allerdings nicht, daß diese Erklärung für alle „Anstöße“ gelten kann, die die alte Analyse genommen hatte, und würde jedenfalls – anders als West – für die vier im folgenden erörterten Szenen vorziehen, in ihnen nicht den Iliasdichter, sondern einen jüngeren Rhapsoden am Werk zu sehen. Das will ich jetzt begründen.

In der Aithiopis ist der Tod Achills wirklich erzählt worden. Antilochos sei von Memnon, dann Memnon von Achill getötet worden, und als Achill die Troer zur Flucht treibt und mit ihnen in die Stadt eindringen will, sei er am Skaiischen Tor von Paris und Apollon tödlich getroffen. Nicht erzählt, aber doch angekündigt wird Achills Tod auch in der Ilias, und zwar für denselben Zeitpunkt: unmittelbar nachdem er den entscheidenden Gegner getötet, wie dort Memnon, so also hier in der Ilias Hektor. Genau das sagt

20 Die Quellen zur Rekonstruktion: Poetarum Epicorum Graecorum Testimonia et Fragmenta edidit Albertus Bernabé, Leipzig 1987, p. 65–71. Epicorum Graecorum Fragmenta edidit Malcolm Davies, Göttingen 1988, 43–48. Für die Vasenbilder: Lexicon Iconographicum Mythologiae Classicae (= LIMC), Zürich 1981ff.

21 In dem oben Anm. 13 genannten Beitrag von 2003.

22 Ilias und Aithiopis: Hermes 133, 2005, 9–28.

23 Ilias und Aithiopis: Gymnasium 112, 2005, 431–441.

Thetis ihrem Sohn voraus (18,95–96); das nimmt Achill bewußt auf sich (18,98–126); nach dem entscheidenden Kampf erinnert der sterbende Hektor seinen Überwinder an jenen Tag, „da Paris und Phoibos Apollon dich, so tapfer du bist, töten am Skaiischen Tor" (22,358–360), und Achill antwortet mit Worten, die er auch zu seiner Mutter gesagt hatte: „Mein eigenes Los, das empfang ich, wann es denn immer Zeus zu vollenden beschließt und die unsterblichen Götter" (22, 365–366 = 18,115–116).

Wie in der Aithiopis mit dem Tode Memnons, so hätte in der Ilias mit dem Tode Hektors, „des einzigen Schutzes der Stadt", wie es von ihm heißt (6,403; 22,597), der Kampf eigentlich entschieden, der Weg zur Eroberung der Stadt frei sein und bei diesem letzten Angriff Achill dann seinen so deutlich angekündigten Tod „alsbald nach Hektors Tod" finden können. Und vielleicht ist ursprünglich auch tatsächlich so erzählt worden. Jedenfalls macht in unserer Ilias Achill sofort nach Überwindung Hektors Anstalten, die Truppen zum Angriff gegen die Stadt zu führen (22,378-384), besinnt sich dann aber eines anderen. Statt von Angriff und Tod Achills am Skaiischen Tor erzählt der Dichter jetzt – anders als die Aithiopis[24] – von der Klage der Troer um Hektor; von der vorläufigen Bestattung des Patroklos; von den Wettkämpfen zu seinen Ehren; der Schändung von Hektors Leichnam durch Achill; von der nächtlichen Fahrt des Königs ins Lager der Achaier zu Achill; dann von Gespräch und Klage der beiden, von denen der eine um seinen Sohn, den der andere erschlagen, der andere aber um seinen Freund trauert, den der Priamossohn getötet hat (24,486–670), beide in Trauer verbunden und eingedenk ihrer menschlichen Schwäche;[25] schließlich von der Rückführung des toten Hektor und Abschluß eines Waffenstillstands, damit der Scheiterhaufen errichtet und Hektor bestattet werden kann. Als die Ilias endet, sind seit Hektors Tod mehr als zwanzig Tage vergangen.

Angesichts dieses Befundes lassen sich die beiden Möglichkeiten, das Verhältnis von Ilias und Aithiopis zu verstehen, etwa so beschreiben. Wer die Priorität bei der Aithiopis sieht, für den ist der Tod des Patroklos und Achills Rache an Hektor Nachbildung der Konstellation Antilochos-Memnon-Achill. Ist dann also auch Hektor, der Überwinder des Patroklos, nach

24 Nicholas Richardson in Band VI des von G.S.Kirk herausgegebenen Kommentars zur Ilias (Cambridge 1993) zu 22,376–94.

25 „Also bestimmten die Götter der elenden Sterblichen Schicksal, bang und in Gram zu leben; allein sie selber sind sorglos": so Achill zu Priamos in 24,525.

Memnon konzipiert? Der Sohn des Königs von Troja nach dem König eines der Hilfsvölker? Für den, der das bejaht,[26] ergibt sich m.E. eine Reihe schwerwiegender Konsequenzen. Der Iliasdichter hat *seine* Version der vom Aithiopisdichter erfundenen Konstellation „Achills Freund wird von einem Stärkeren überwunden; Achill rächt den Freund und wird beim anschließenden Angriff auf die Stadt dann selbst Opfer von Paris und Apollon" zunächst ganz so erzählen wollen wie sein Vorgänger, nämlich mit Achills Tod nach Überwindung des entscheidenden Mannes auf troischer Seite, hat dann aber erkannt, daß es viel besser sei, selbst keine mit der Aithiopis konkurrierende Variante von Achills Tod zu verfassen, statt dessen den schon mehrfach angekündigten Tod Achills hinauszuschieben, zur Ausfüllung der auf diese Weise gewonnenen Frist nach Hektors Tod – gegebenenfalls auch unter Verwendung der Aithiopis[27] – ganz neue Themen zu erfinden und so durch den Schluß seiner Ilias – also durch die Bücher 23 und 24 – die Möglichkeit zu schaffen, daß die schon vorliegende Erzählung der Aithiopis sich einigermaßen stimmig an das Ende seines neuen Werkes anschließt.

Wer demgegenüber die Ilias für älter hält, der kann annehmen, daß der Iliasdichter im Rahmen der von ihm erfundenen Konstellation „Patroklos-Hektor-Achill" Achills Tod ursprünglich wirklich dort erzählen wollte, wo er der Sache nach hingehört und für welche Situation Thetis ihn ja auch angekündigt hatte, nämlich nach Überwindung dessen, der allein Troja schützt (6,403; 22,507). Und vielleicht hatte er auch, wie West unter Hinweis auf 22,376–384 vermutet, ursprünglich einmal so erzählt. Doch dann hatte er gesehen, welche unausgeschöpften Möglichkeiten im Rahmen einer Konzeption, die den Beginn des Streites, der das epische Geschehen bestimmt, tiefer, nämlich mit einer Kränkung Apolls begründet, die im Fortgang des Geschehens Achill in die Isolation geraten und die schließlich nun ihn bei einer Kränkung Apollons enden läßt, – hatte also gesehen, welche unausgeschöpften Möglichkeiten in seiner Ilias noch enthalten sind, hatte daher Achills Tod hinausgeschoben und ihm damit Gelegenheit gegeben einzusehen, was alles er seinem Zorn geopfert hatte, um ihn dann im Gespräch mit dem Vater seines ärgsten Feindes doch noch Frieden finden zu lassen. Nachdem die Erzählung zu diesem Ende gekommen war, in dem das Schicksal des drohenden Todes durchaus gegenwärtig ist, war nun aller-

26 So Kullmann, Quellen 42–45; 59; 182–188; 273.

27 Kullmann, Quellen 333-334.

dings die abermalige Rückkehr Achills in den Kampf, ein Neubeginn eines Kampfes mit den abermals ausgerückten Troern auf offenem Feld mit anschließendem Angriff auf die Stadt, bei dem er dann fallen sollte, nicht nur mangels eines bedeutenden Gegenspielers nicht mehr gut erzählbar. Doch ein fester Rahmen war immerhin gegeben, innerhalb dessen der Phantasie der Hörer oder Leser Raum gegeben war und ein jüngerer Dichter dann auch tatsächlich einen neuen, anderen Kampf hat erzählen können. Für ihn mußte der Jüngere auf troischer Seite allerdings einen neuen Vorkämpfer mit neuen Truppen einführen, nach dessen Überwindung dann Achills letzter Angriff auf Troja erfolgen konnte, der mit seinem Tod durch Paris und Apoll endete. Mir scheint, die Annahme einer solchen Abfolge hat nicht nur das Argument der Einfachheit für sich. Ihre Plausibilität aber wird, wie ich denke, verstärkt durch eine Tatsache, die zunächst eher wie ihre Widerlegung aussieht, nämlich dadurch, daß die jüngere Aithiopis allerdings an vier Stellen den Text unserer Ilias beeinflußt hat.

Wir kennen zwei Szenen der Aithiopis, von denen jede nachweislich zweimal auf die Ilias eingewirkt hat. Da ist zunächst die Szene, in der vor dem Zweikampf von Memnon und Achill deren Mütter Eos und Thetis sich bittend an Zeus wenden. Angesichts zweier Göttinnen, die dasselbe Recht geltend machen können, sieht Zeus sich vor einem wirklichen Dilemma, und dafür findet der Aithiopisdichter in der Waage, zu der er Zeus greifen läßt, den symbolischen Ausdruck. Diese Szene der Aithiopis, die mit Hilfe der Testimonien einer verlorenen Aischylostragödie[28] rekonstruiert werden kann, muß seinerzeit großen Eindruck gemacht haben: Es gibt von ihr aus der Zeit von etwa 540 bis 450 mindestens acht Vasenbilder.[29] Das Motiv wird dann zweimal in die Ilias übernommen: 8,68–74 und 22,208–213.[30] Die andere Szene ist der Opfertod des Antilochos für seinen Vater. Nestor

28 TrGF 3 p. 374–76. Dazu M.West, Ilias and Aethiopis on the stage: Cl.Quart. 50, 2000, 338–352.

29 LIMC I 1 (1981) 172–175 (s.v. Achilleus Nr. 797–804).

30 Die epische Schicksalswaage: Ges. Schr. I 232-246 (zuerst: Philologus 136, 1992). Für das Alter der Vorstellung von der Schicksalswaage M.P. Nilsson, ‚Zeus mit der Schicksalswaage auf einer cyprisch-mykenischen Vase‘, Opuscula Selecta I, Lund 1951, 443–56 (erstmals veröffentlicht 1932); der Fund wird auf etwa 1300 v.Chr. datiert. Dsb., Geschichte der griechischen Religion I, München ²1955, 366–67 mit Taf. 25,1. West in dem oben Anm. 13 genannten Buch 393–94. Merkwürdig das Lexikon des frühgriechischen Epos im Art. τάλαντον (Martin Schmidt), wo es u.a. heißt: „Bild der Waage des Zeus sicher nicht abhängig von poetischer Szene in Athiopis oder Ilias“; war denn *das* in jüngerer Zeit, etwa seit den Arbeiten Nilssons, strittig?

wird von Memnon bedrängt, und Antilochos ermöglicht ihm die Flucht, wird aber selbst von dem übermächtigen Gegner erschlagen. Gewirkt auf die Ilias hat von dieser Episode, die mit Hilfe von Pindar rekonstruiert werden kann, allerdings nicht die eigentliche Heldentat, sondern der Grund, weshalb Nestor überhaupt in Bedrängnis gekommen war: Paris hatte eines der Pferde von Nestors Gepann getroffen. Diese Erfindung von Tod oder Verwundung eines Pferdes, durch die der Kampfwagen unbeweglich wird, muß damals eine Neuerung gewesen sein und ist dann in zwei Szenen der Ilias, die bis dahin Verletzungen von Pferden nicht erwähnt hatte, übernommen worden mit der Besonderheit, daß das Pferd, das getroffen wird, das sog. Beipferd eines Dreigespannes ist:[31] 8,80–117 und 16,466–476 (und 145–154).[32]

Wenn, wie ich überzeugt bin, die Ilias mit der Konstellation Patroklos–Hektor–Achill älter ist als die Aithiopis mit Antilochos-Memnon-Achill, wenn andererseits die Aithiopis mit zweien ihrer Szenen – mit der Schicksalswaage und mit dem blockierten Kampfwagen – an insgesamt vier Stellen auf unseren Text der Ilias eingewirkt hat, so ist zu erwarten, daß diese späten Einfügungen in einen im übrigen weitgehend fertigen Text sozusagen nur die Oberfläche des Werkes betreffen und verhältnismäßig leicht auch wieder zu entfernen sind, ohne daß deshalb Lücken entstünden.

---

31 Diese Besonderheit ist an einer der beiden Stellen (im 16. Buch) durch die Situation bedingt: Patroklos fährt mit Achills Gespann, und dessen Pferde, ein Geschenk der Götter an seinen Vater, sind als Kinder des Westwinds nicht nur windschnell, sondern auch unsterblich. Wollte der Rhapsode trotzdem, angeregt durch die Aithiopisszene, das Gespann durch Verwundung eines Pferdes in Schwierigkeiten bringen, so mußte er die beiden unsterblichen Pferde mit einem sterblichen koppeln: Das dritte, sterbliche Pferd also ist tatsächlich nur erfunden, damit es getötet werden und so das Gespann verwirren, den Wagen blockieren kann. Was der Rhapsode sich im übrigen dabei gedacht haben mag, die beiden windschnellen Pferde mit einem normalen zu verbinden, sollte man nicht fragen.

32 Homerische Dreigespanne: Ges. Schr. I 210–231 (zuerst in: W. Kullmann und M. Reichel [Hrsg.], Der Übergang von der Mündlichkeit zur Literatur bei den Griechen [ScriptOralia 30], Tübingen 1990). Hierzu W. Kullmann, Homerische Motive 118 Anm. 72: „Die Priorität des Aithiopisstoffes wurde inzwischen … praktisch zur Evidenz gebracht." Die mündliche Zustimmung M. Wests auf der 1989 von Kullmann veranstalteten Tagung bezog sich schon damals, wie ich vermute, nur auf die Priorität der fraglichen Szene, nicht auf die der gesamten Aithiopis gegenüber der Ilias; dazu auch sein Beitrag von 2003 (oben Anm. 13), 10–11. Übrigens habe ich meine Meinung, ich hätte die Priorität der Aithiopis bewiesen, zwei Jahre später in dem oben Anm. 30 genannten Beitrag (von 1992) 233–236 korrigiert: Bewiesen war die Priorität nur für die fragliche Szene gegenüber zwei vergleichbaren der Ilias.

Doch das Argument läßt sich auch umdrehen. *Wenn* die fraglichen vier Szenen unserer Ilias ohne Schwierigkeiten aus dem Text herausgenommen werden können, ohne eine Lücke zu hinterlassen, dann wäre das ein Beweis für die Plausibilität der hier vertretenen Meinung, daß die jüngere Aithiopis an einigen wenigen Stellen noch auf die im übrigen schon „fertige" Ilias eingewirkt hat. Ich denke, dieser Beweis läßt sich führen.[33]

1) Am Morgen des zweiten Kampftages, zu Beginn des achten Buches, ruft Zeus die Götter zusammen und eröffnet ihnen, sie hätten sich in Zukunft von jeder Teilnahme am Kampf um Troja fernzuhalten (5–27). Zwar sagt er nicht, was er vorhat; doch wenn er von „meinem Wort" spricht, das niemand versuchen solle zu vereiteln, und von „diesen Dingen", die er jetzt verwirklichen wolle, so sind eingedenk dessen, was er früher mit Thetis (1,493–530) und Hera (1,531–570) gesprochen hatte, weder die Götter noch die Leser im Unklaren, worum es geht. Zeus hatte sich in 1,511–530, wie er selbst gesagt hatte, Thetis gegenüber unabänderlich festgelegt und geht jetzt daran, sein gegebenes Versprechen zu erfüllen und die Troer zur Ehre Achills die Oberhand gewinnen zu lassen. Damit sind die Würfel gefallen. Die Götter verstehen denn auch und schweigen. Nur Athene wagt vorsichtig ihren Sorgen um die Achaier Luft zu machen (8,30–38), und Zeus beruhigt seine Tochter: er meine es nicht so ganz ernst und bleibe ihr gewogen. Dann aber fährt er auf die Spitze des Idagebirges, um sich das Schauspiel anzuschauen und zur rechten Zeit eingreifen zu können. Auf Erden rücken die Heere gegeneinander vor, der Kampf geht hin und her, dann, als die Sonne im Zenit steht, greift Zeus zur Waage, die schlägt aus gegen die Achaier, Zeus donnert und schickt einen Blitz unter die Achaier, die daraufhin blasses Entsetzen ergreift.

Weshalb greift Zeus zur Waage? War denn noch etwas zu entscheiden? Sah Zeus sich etwa vor einem Dilemma? Hatte er nicht soeben an sein Thetis gegebenes Wort erinnert und sich den Göttern gegenüber mit einer energischen Warnung, ihm jetzt nicht mehr in den Weg zu treten, auf dessen Verwirklichung festgelegt? Offensichtlich ist die Waage hier nichts anderes als ein leeres Versatzstück, übernommen aus einem berühmten Zusammenhang von einem Rhapsoden, der meinte, damit den Text der Ilias schmücken

33 Das Folgende, vorgetragen u.a. unter den Mitarbeitern der Hamburger Arbeitsstelle für das Lexikon des frühgriechischen Epos, verdankt einiges den Einwänden, die Dr. Rudolf Führer vorgebracht hat.

und interessanter machen zu können. Die fraglichen Verse 69–74 sind denn auch leicht auszuscheiden. Was den folgenden Text ergibt:

68 ἦμος δ' ἠέλιος μέσον οὐρανὸν ἀμφιβεβήκει,

69 καὶ τότε δὴ χρύσεια πατὴρ ἐτίταινε τάλαντα,
70 ἐν δ' ἐτίθει δύο κῆρε τανηλεγέος θανάτοιο,
71 Τρώων θ' ἱπποδάμων καὶ Ἀχαιῶν χαλκοχιτώνων,
72 εἷλκε δὲ μέσσα λαβών· ῥέπε δ' αἴσιμον ἦμαρ Ἀχαιῶν.
73 αἳ μὲν Ἀχαιῶν κῆρες ἐπὶ χθονὶ πουλυβοτείρῃ
74 ἑζέσθην, Τρώων δὲ πρὸς οὐρανὸν εὐρὺν ἄερθεν.

75[34] τῆμος ἄρ' ἐξ Ἴδης Ζεὺς ἔκτυπε, δαιόμενον δὲ
ἧκε σέλας μετὰ λαὸν Ἀχαιῶν· οἳ δὲ ἰδόντες
θάμβησαν, καὶ πάντας ὑπὸ χλωρὸν δέος εἷλεν.

2) Das drohende Zeichen, das Zeus soeben gesandt hatte, (8,75–76), wird von den Achaiern verstanden. Alles flieht. Nur Nestor bleibt, doch nicht freiwillig. Ein Pfeil hat das Beipferd tödlich getroffen (78–86). Während Nestor die Leinen zu kappen sucht, um die Zugpferde zu befreien, kommt Hektor gefährlich nahe. Und ohne Diomedes wäre Nestor verloren gewesen (8,90 καί νύ κεν ἔνθ' ὁ γέρων ἀπὸ θυμὸν ὄλεσσεν, εἰ μὴ ἄρ'...). Diomedes ruft erst noch Odysseus zu, er solle ihm helfen, den Alten gegen den gefährlichen Gegner zu retten, doch als der nicht hört, sondern weiter mit den anderen zu den Schiffen flieht, tritt er, „obwohl nun allein" (αὐτός περ ἐών), zum Schutz vor Nestors Gepann (87–100), doch anstatt jetzt den Kampf mit Hektor aufzunehmen oder jedenfalls Nestor die Flucht zu ermöglichen, spricht er ihn in zehn Versen daraufhin an, daß ihm ob seines Alters der Kampf offenbar schwer falle, sein Wagenlenker überdies untüchtig und seine Pferde langsam seien; Nestor solle daher auf seinen Wagen kommen, damit er sehe, wie schnell die Pferde seien, die er, Diomedes, vor kurzem erbeutet habe; Nestors Wagen aber sollten ihre beiden Wagenlenker in Sicherheit bringen, während sie selbst sich gegen die Feinde wenden (101–111). Offensichtlich paßt, was der Dichter Diomedes hier sagen läßt, überhaupt nicht in die Situation, in der er und Nestor sich befinden: Kein Wort vom getöteten Pferd, keines vom blockierten Wagen, kein Wort auch vom gefährlichen Nahen Hektors und der Flucht sämtlicher Achaier, statt dessen vom untüchtigen Wagenlenker und langsamen Pferden. Nestor tut,

34 Überliefert ist: αὐτὸς δ' ἐξ Ἴδης μεγάλ' ἔκτυπε. – τῆμος ἄρ' nach 7,434; 24,789.

was Diomedes ihm vorschlägt, steigt um und ergreift die Zügel. Als sie sich Hektor nähern, verfehlt Diomedes ihn, trifft aber dessen Wagenlenker, doch Hektor muß nicht lange suchen, um einen neuen zu finden, dem er die Zügel übergibt (116–129). Immerhin, in der Zwischenzeit könnte Diomedes, wie ursprünglich beabsichtigt, mit Nestor fliehen. Statt dessen aber heißt es völlig überraschend und im Grunde unverständlich: „Da nun – (Offensichtlich als Hektor einen neuen Wagenlenker hatte!) – wären die Troer wie Lämmer in die Stadt eingepfercht worden“ (8,130–31), wenn nicht Zeus gesehen hätte, was auf dem Kampffeld vorgeht. Mit einem Blitz bringt er den Wagen der beiden Achaier zum Stehen; Nestor mahnt zur Umkehr, Diomedes hat Einwände, die Nestor aber nicht gelten läßt. So wenden sie zur Flucht. Doch noch dreimal muß Zeus zum Blitz greifen, um Diomedes zu hindern, wieder in den Kampf zurückzukehren. Hektor aber versteht, was Zeus den Troern signalisiert und spornt die Seinen entsprechend an (8,172ff.).

So ist, während alle Achaier fliehen, aus der Beinahe-Katastrophe für Nestor völlig überraschend ein Beinahe-Sieg des einen Diomedes über das gesamte Heer der Troer geworden. Daß es dann für die Troer zum Äußersten nicht kommt, verdanken sie allein Zeus. Ich denke, das alles atmet peinliche Übertreibung und ist ohne jeden Sinn für Maß und Proportionen. Hier will offensichtlich ein wenig kompetenter Rhapsode, sicherlich derselbe, der unmittelbar vorher die Schicksalswaage eingefügt hat (8,69–74), aus dem Aithiopismotiv vom blockierten Kampfwagen[35] eine neue Episode entwickeln, in der Diomedes aus dem Retter in letzter Not zum alleinigen Sieger über die Troer wird und so die Taten, die im 5. Buch von ihm erzählt werden (und die er dort z.T. mit Athenes Hilfe vollbringt), durchaus übertrifft. Über die Qualität dieser Episode ist kein Wort zu verlieren;[36] an Niveaulosigkeit kann sie wohl wirklich nur mit der Aineiasrede des 20. Buches (200–258) konkurrieren.[37] Immerhin ist der Rhapsode, dem sie

35 Daß der Autor dieser Episode auch hier unmittelbar von der Aithiopis angeregt ist, dafür spricht auch, daß hier und dort der Pfeil, der Nestors Pferd tötet, von Paris stammt.

36 Als man sich noch ein Urteil erlaubte und nicht alles mit der Eigenart der Oral Poetry zu erklären suchte, hat Walter Leaf zu 8,130 in seinem Kommentar (London ²1900) das allein Richtige gesagt: „The sudden turn in the battle is quite out of proportion to what has gone before; there is no indication of any general rally on the Greek side, and the idea that Diomedes could unaided have caused a general rout of the enemy seems to be a mere outbidding of his exploits even where he has divine assistance, as in the fifth book.“

37 Dort redet und redet Aineias und bringt sich schließlich zum Schweigen in 15 (!) Schlußversen, in denen er u.a. daran erinnert, daß er und sein Gegner Achill so viele Schmä-

verdankt wird, so geschickt gewesen, daß er seine Einlage (78–171) genau wieder dorthin führt (170–171), wo er den vorgegebenen Text unterbrochen hatte (75–77), nämlich zu Zeus und seinen Blitzen. Auf diese Weise schließt jetzt – nach der Unterbrechung durch den Einschub – der alte Text mit der Reaktion Hektors (172ff.) einerseits an die beiden letzten Verse (170–171) der Einlage, nach Entfernung dieser eher peinlichen Einlage (78–171) aber bruchlos an 77:

75 τῆμος ἄρ᾽ ἐξ Ἴδης Ζεὺς ἔκτυπε, δαιόμενον δέ
76 ἧκε σέλας μετὰ λαὸν Ἀχαιῶν· οἳ δὲ ἰδόντες
77 θάμβησαν, καὶ πάντας ὑπὸ χλωρὸν δέος εἷλεν.

78-169
170 τρὶς δ᾽ ἄρ᾽ ἀπ᾽ Ἰδαίων ὀρέων κτύπε μητίετα Ζεύς
171 σῆμα τιθεὶς Τρώεσσι, μάχης ἑτεραλκέα νίκην.

172 Ἕκτωρ δὲ Τρώεσσιν ἐκέκλετο μακρὸν ἀύσας·
Τρῶες καὶ Λύκιοι καὶ Δάρδανοι ἀγχιμαχηταί,
ἀνέρες ἔστε, φίλοι, μνήσασθε δὲ θούριδος ἀλκῆς.
175 γινώσκω δ᾽ ὅτι μοι πρόφρων κατένευσε Κρονίων
νίκην καὶ μέγα κῦδος, ἀτὰρ Δαναοῖσί γε πῆμα.

3) In Buch 16 haben Sarpedon und Patroklos ihre Wagen verlassen (426–27) und gehen aufeinander los (462). Patroklos wirft als erster und trifft immerhin den Wagenlenker, der demnach mit dem Gespann nahe hinter Sarpedon stehen muß (463–65). Auch Sarpedon verfehlt seinen Gegner und trifft hinter ihm eines seiner Pferde. Die Geschicklichkeit, mit der der Wagenlenker des Patroklos die Kalamität behebt, wird breit ausgeführt (466–75). Darauf tut Sarpedon den zweiten Wurf, der über Patroklos hinweg geht (477–79), der dann selbst mit seinem zweiten Wurf tödlichen Erfolg hat (479–85).

Die Verse, die die Tötung des Pferdes, die Verwirrung des Gespanns und die Klärung beschreiben, setzen die entsprechende Szene der Aithiopis

hungen parat hätten, daß ein Schiff mit hundert Ruderbänken die Last nicht tragen könnte. Mir scheint, eine vergleichbare Geschmacklosigkeit gibt es im frühgriechischen Epos nicht. Zu diesem „curious speech" G.S. Kirk, The Songs of Homer, Cambridge 1962, 175; E. Heitsch, Epische Kunstsprache und homerische Chronologie, Heidelberg 1968, 28ff. A. Dihle, Homer-Probleme, Opladen, 1970, 65–83.

voraus.[38] Werden sie aus dem Text genommen, ergibt sich nicht nur ein bruchloser Zusammenhang, sondern es verschwinden mit ihnen auch zwei Besonderheiten, von denen die eine singulär ist: Von etwa 80 Belegen im Corpus Homericum bedeutet οὐτάζειν nur hier in 467 das Verwunden nicht mit einer Hieb- oder Stich-, sondern mit einer Wurfwaffe.[39] Und die Aktionenfolge a b b a, wie sie in diesem Zweikampf vorliegt, ist ebenfalls ganz ungewöhnlich; wird sie jetzt korrigiert zu a b a, so verschwindet mit 466 (Σαρπηδὼν δ' αὐτοῦ μὲν ἀπήμβροτε δουρὶ φαεινῶι) auch die Dublette von 477 (ἔνθ' αὖ Σαρπηδὼν μὲν ἀπήμβροτε δουρὶ φαεινῶι). Ohne die fraglichen Verse lautet der Text also:

462 οἳ δ' ὅτε δὴ σχεδὸν ἦσαν ἐπ' ἀλλήλοισιν ἰόντες,
ἔνθ' ἤτοι Πάτροκλος ἀγακλειτὸν Θρασύμηδον,
ὅς ῥ' ἠὺς θεράπων Σαρπηδόνος ἦεν ἄνακτος,
465 τὸν βάλε νείαιραν κατὰ γαστέρα, λῦσε δὲ γυῖα.

> 466 Σαρπηδὼν δ' αὐτοῦ μὲν ἀπήμβροτε δουρὶ φαεινῶι
> δεύτερος ὁρμηθείς, ὃ δὲ Πήδασον οὔτασεν ἵππον
> ἔγχει δεξιὸν ὦμον· ὃ δ' ἔβραχε θυμὸν ἀίσθων,
> κὰδ δ' ἔπεσ' ἐν κονίηισι μακών, ἀπὸ δ' ἔπτατο θυμός.
> 470 τὼ δὲ διαστήτην, κρίκε δὲ ζυγόν, ἡνία δέ σφι
> σύγχυτ', ἐπεὶ δὴ κεῖτο παρήορος ἐν κονίηισιν.
> τοῖο μὲν Αὐτομέδων δουρικλυτὸς ηὕρετο τέκμωρ·
> σπασσάμενος τανύηκες ἄορ παχέος παρὰ μηροῦ,
> ἀίξας ἀπέκοψε παρήορον, οὐδ' ἐμάτησεν·
> 475 τὼ δ' ἰθυνθήτην, ἐν δὲ ῥυτῆρσι τάνυσθεν.
> τὼ δ' αὖτις συνίτην ἔριδος πέρι θυμοβόροιο.

477 ἔνθ' αὖ Σαρπηδὼν μὲν ἀπήμβροτε δουρὶ φαεινῶι,
Πατρόκλου δ' ὑπὲρ ὦμον ἀριστερὸν ἤλυθ' ἀκωκή
ἔγχεος, οὐδ' ἔβαλ' αὐτόν. ὃ δ' ὕστερος ὤρνυτο χαλκῶι
480 Πάτροκλος· τοῦ δ' οὐχ ἅλιον βέλος ἔκφυγε χειρός,
ἀλλ' ἔβαλ', ...

38 Ges. Schr. I 218–221.

39 Das hat schon Aristarch notiert (in den Scholien [Erbse] zur Stelle). Dazu U. von Wilamowitz, Die Ilias und Homer, Berlin 1916, 137 Anm. 1.

Der Rhapsode, dem die elf ausgesonderten Verse verdankt werden, wollte den fertigen Text des Zweikampfes Patroklos/Sarpedon mit einem Detail aus der berühmten Szene der Aithiopis bereichern. Da Patroklos aber Achills Gespann mit den unsterblichen Pferden benutzt, mußte überhaupt erst die Möglichkeit einer Pferdeverwundung geschaffen, mußten also, so unsinnig das an und für sich auch war, die unsterblichen Pferde Achills mit einem Pferd verbunden werden, das tatsächlich getötet werden konnte. So also kommt es dort, wo Patroklos sich zum Kampf rüstet, zu folgenden Versgruppen:

a 145 ἵππους δ' Αὐτομέδοντα θοῶς ζευγνῦμεν ἄνωγεν,
τὸν μετ' Ἀχιλλῆα ῥηξήνορα τῖε μάλιστα,
πιστότατος δέ οἱ ἔσκε μάχηι ἔνι μεῖναι ὁμοκλήν.

b 148 τῶι δὲ καὶ Αὐτομέδων ὕπαγε ζυγὸν ὠκέας ἵππους,
Ξάνθον καὶ Βαλίον, τὼ ἅμα πνοιῆισι πετέσθην,
150 τοὺς ἔτεκε Ζεφύρωι ἀνέμωι ἅρπυια Ποδάργη,
βοσκομένη λειμῶνι παρὰ ῥόον Ὠκεανοῖο.

c 152 ἐν δὲ παρηορίηισιν ἀμύμονα Πήδασον ἵει,
τόν ῥά ποτ' Ἠετίωνος ἑλὼν πόλιν ἤγαγ' Ἀχιλλεύς·
ὃς καὶ θνητὸς ἐὼν ἕπεθ' ἵπποις ἀθανάτοισιν.

Dieser Text enthält offensichtlich drei Stufen. In a fährt Patroklos – vermutlich – nicht, in b aber sicher mit Achills Gespann; in c wird das Gespann durch Hinzufügung eines sterblichen Pferdes zu einem Dreigespann (das es im übrigen nur hier und in der entsprechenden Szene des 8. Buches gibt). b und c gehören der Sache nach zusammen; c setzt b voraus, b aber nicht notwendigerweise c (doch ohne c natürlich keine Verwundung eines Pferdes vor Achills Wagen, also auch keine Verse 466-476). a und b sind kaum mit einander zu vereinbaren. Im überlieferten Text muß b als Ausführung der in a von Patroklos gegebenen Weisung verstanden werden. Dem steht aber entschieden die Partikelkombination δὲ καί (148) entgegen, die nun einmal nicht „und so" (waltete Automedon seines Amtes), sondern „aber auch" bedeutet.[40] Am nächsten liegt daher die Annahme, daß der Text ursprünglich nur a enthalten hat und daß b keine Ergänzung, sondern eine Alter-

40 J.Denniston, The Greek Particles, Oxford ^{2}1954, 305; dazu die 14 Belege der Kombination bei A. Gehring, Index Homericus, Hildesheim ^{2}1970, 420.

native zu a sein, also unmittelbar an die Rüstungsszene des Patroklos 130–144 anschließen sollte und zusammen mit c in dem Augenblick notwendig wurde, als ein jüngerer Rhapsode Patroklos mit Achills Pferden fahren ließ und trotzdem das Gespann in 466–476 in Schwierigkeiten geraten lassen wollte.

4) Wie oben schon gesagt, hat die Aithiopis erzählt, daß Zeus, bedrängt von Eos und Thetis, in dem Augenblick, da deren Söhne Memnon und Achill im Begriff sind, den entscheidenden Kampf aufzunehmen, zur Schicksalswaage gegriffen habe. Von dieser offenbar schnell berühmt gewordenen epischen Szene gibt es mindestens acht Vasenbilder.[41] Übernommen ist das Motiv dann von unserer Ilias in 8,69–74[42] und für den Zweikampf Hektor/Achill (22,109–113).[43] Von diesem entscheidenden Zweikampf der Ilias gibt es inzwischen mehr als zehn Vasenbilder, doch auf ihnen findet sich, anders als auf den Bildern der Aithiopisszene, niemals das Detail Zeus (oder, als sein Helfer, Hermes, der Götterbote und Seelengeleiter) mit der Waage. Die fraglichen Vasenbilder werden in die Zeit 580–480 datiert, die der Aithiopisszene in die Zeit 540–450. Ich denke, der Sachverhalt läßt nur den Schluß zu, daß das Motiv der Schicksalswaage für das Publikum und besonders für die Vasenmaler so fest mit dem von der Aithiopis geschilderten Zweikampf Memnon/Achill verbunden war, daß die Ilias selbst dann, als sie irgendwann das berühmte Motiv für ihren eigenen Entscheidungskampf übernommen hatte, auf die Vasenmalerei keinen Einfluß mehr gewonnen hat.

Die betreffende Szene ist denn auch in der Ilias nur oberflächlich eingefügt und dort, wenn nicht störend, so mindestens funktionslos und überflüssig. Wie in 8,69–74, so ist das Motiv auch hier in 22,209–213, wie leicht zu sehen, ein typisches Versatzstück.[44]

---

41 Oben Anm. 29.

42 Dazu oben unter VII 1.

43 Dazu Ges. Schr. I 238–240.

44 Daß ein solches Urteil gegen die von den Oralisten aufgestellten Regeln verstößt, ist mir klar. Doch man darf heute wohl doch wieder daran erinnern, daß wir in der Ilias *nicht* die Tonbandaufnahme einer mündlichen Dichtung vor uns haben, sondern ein schriftliches Werk. G.P. Goold hat schon vor 30 Jahren geurteilt: „Indeed, it may be said once and for all that Analytical Scholarship in general, when freed from the stultifying shackles of multiple authorship, invariably projects a more satisfying and convincing picture of the Iliad and the Odyssey being put together than either the Unitarian or the Oralist schools“ (The Nature of Homeric Composition: Illinois Class. Studies 2, 1977, 1–34, hier 19).

Hektor hat sich trotz aller Mahnungen nicht hinter den Mauern in Sicherheit gebracht, ist vielmehr draußen geblieben, um Achill zu erwarten. Doch als der Gegner naht, erkennt er, worauf er sich eingelassen hat, und hält nicht stand. Dreimal schon hat Achill ihn vor sich her um die Stadt getrieben (22,136.163), und die Götter beobachten das Geschehen. Zeus hat Mitgefühl. Der, der dort um sein Leben läuft, ist ihm besonders lieb. Natürlich weiß auch Zeus, daß über Hektor längst entschieden ist, der letzten Endes nur ein Faktor in jenen Plänen ist, die er selbst Hera eröffnet hatte (15,59–77). Doch soll Hektor wirklich schon jetzt sterben? Nur darum geht es, als Zeus zögert und die Götter nach ihrer Meinung fragt (22,168–176). Athene widerspricht: „Einen Sterblichen, seit langem dem Schicksal verfallen, vor dem Tode bewahren? Tu es, doch ohne unsere Zustimmung." Und Zeus beruhigt seine Tochter, wie er das schon einmal getan hatte: „Ich meine es nicht so ernst und bleibe dir gewogen" (22,183–84 = 8,39–40), und hier fügt er noch hinzu: „Tu, wonach dir der Sinn steht, und zögere nicht mehr." Was der Dichter mit den Worten kommentiert: „So sprach er und trieb Athene an, die es schon vorher drängte." Daraufhin eilt Athene vom Olymp herab auf die Erde (22,186–87).

Damit ist über das Geschehen auf Erden entschieden. Athene wird jetzt zunächst Achill ihrer Hilfe versichern, dann Hektor in Gestalt seines Lieblingsbruders Deiphobos vorschlagen, sie sollten gemeinsam Achill entgegentreten, und so den Betrogenen dem übermächtigen Gegner ausliefern (214–247). In der Zwischenzeit aber läßt der Dichter Zeus zur Waage greifen so, als sei noch irgendetwas zu entscheiden. Das Motiv, erfunden offensichtlich vom Aithiopisdichter,[45] in bildliche Gestalt gesetzt von den Vasenmalern, hier in 22,209–213 ebenso wie in 8,69–74 leer und funktionslos verwendet, ist denn auch leicht – ohne Hinterlassung einer Lücke und ohne sprachliche oder sachliche Anstöße – aus dem Text zu entfernen:

---

45 Dafür spricht nicht nur die Tatsache, daß es neben den hier erörterten drei Stellen (im 8. und 22. Buch und in der Aithiopis) nicht die geringsten Anzeichen gibt für weitere und möglicherweise gar frühere Belege, sondern auch der Befund der Vasenmalerei. Selbst Oralisten wie Mark W. Edwards und Nicholas Richardson urteilen: „Zeus's weighing of the fates of Akhilleus and Hektor (22.208–12) may be modelled on a scene in which he had to decide between the appeals of Thetis and Eos on behalf of their respective sons" (Band V des von G.S. Kirk initiierten Kommentars zur Ilias. Cambridge 1991. 18). „But the scene in the Iliad may possibly echo an earlier epic version of the fight between Akhilleus and Memnon" (ebd. Band VI. Cambridge 1993. Zu 22.208–13).

205 λαοῖσιν δ' ἀνένευε καρήατι δῖος Ἀχιλλεύς,
οὐδ' ἔα ἱέμεναι ἐπὶ Ἕκτορι πικρὰ βέλεμνα,
μή τις κῦδος ἄροιτο βαλών, ὃ δὲ δεύτερος ἔλθοι.
208 ἀλλ' ὅτε δὴ τὸ τέταρτον ἐπὶ κρουνοὺς ἀφίκοντο,

209 καὶ τότε δὴ χρύσεια πατὴρ ἐτίταινε τάλαντα,
210 ἐν δ' ἐτίθει δύο κῆρε τανηλεγέος θανάτοιο,
τὴν μὲν Ἀχιλλῆος, τὴν δ' Ἕκτορος ἱπποδάμοιο,
εἷλκε δὲ μέσσα λαβών· ῥέπε δ' Ἕκτορος αἴσιμον ἦμαρ.
ᾤχετο δ' εἰς Ἀίδαο, λίπεν δέ ἑ Φοῖβος Ἀπόλλων.

214 Πηλείωνα δ' ἵκανε θεὰ γλαυκῶπις Ἀθήνη,
ἀγχοῦ δ' ἱσταμένη ἔπεα πτερόεντα προσηύδα· ...

Wie Achill bei der Verfolgung darauf achtet, daß es Hektor nicht gelingt, an die Mauern heranzukommen und ihn so in den Schußbereich der auf der Mauer stehenden Troer zu ziehen (194–198), so gibt er den eigenen Truppen, die inzwischen herangekommen sind, zu verstehen, nicht etwa mit ihren Waffen einzugreifen (205–207). Zu Beginn der vierten Runde aber (208) erreicht Athene Achill (214)[46] und versichert ihm, er könne sich Ruhe gönnen, da sie selbst Hektor überreden werde, sich dem Kampf zu stellen. Damit steht das Ende unmittelbar bevor.

Was in solchen Fragen beweisbar ist, ist damit m.E. bewiesen. Die vier Stellen, die unter dem Einfluß zweier berühmter Szenen der Aithiopis stehen, sind mit ihrem unmittelbaren Kontext so gut wie nicht verbunden. Ihre Entfernung hinterläßt nirgends eine Lücke oder führt zu sprachlichen oder sachlichen Anstößen. Nur einmal mußte die Aussage eines halben Verses etwas umformuliert werden: aus αὐτὸς δ' ἐξ Ἴδης μεγάλ' ἔκτυπε wurde τῆμος ἄρ' ἐξ Ἴδης Ζεὺς ἔκτυπε.[47] Das erlaubt den Schluß, daß die

46 Zu δέ im Nachsatz eines temporalen Satzgefüges: e.g. Ilias 1,57-58. Denniston 179; Kühner-Gerth, Ausführliche Grammatik der griechischen Sprache II, Hannover 4. Aufl. 1954, 275-278. Speziell zu einem mit δέ beginnenden Nachsatz (214) unmittelbar im Anschluß an einen mit ἀλλ' ὅτε δὴ beginnenden Temporalsatz (208): 5,438–39 ἀλλ' ὅτε δὴ τὸ τέταρτον ἐπέσσυτο δαίμονι ἶσος, δεινὰ δ' ὁμοκλήσας προσέφη ἑκάεργος Ἀπόλλων. 16,705–6 = 20,447–48; 24,443–45. Und die Erwähnung Apollons in 220 ist auf seine Erwähnung in 213 nicht angewiesen; er war schon vorher in 203 recht drastisch eingeführt worden.

47 Oben Anm. 34.

vier Stellen in den Text erst in einem Augenblick gekommen sind, als die Ilias ihre feste Form schon gefunden hatte. Und die Tatsache, daß die fraglichen Verse und Motive so einfach und oberflächlich eingefügt, wie auch die andere, daß für die wenig geglückte kleine Diomedie des 8. Buches gleich beide Aithiopisszenen, die Schicksalswaage (8,69–74) und die Blockade eines Kampfwagens durch Verwundung eines Pferdes (8,81–86), übernommen worden sind, scheinen denn doch dafür zu sprechen, daß hier nicht derjenige am Werk ist, dem wir im wesentlichen unseren Iliastext verdanken, sondern ein Jüngerer. Ist das richtig, so werden wir auf diese Weise, wie gezeigt, auch die kleine Aristie des Diomedes im 8. Buch los (78–171); was sicherlich kein Verlust ist. Demgegenüber wäre die Annahme, daß sich zur Not doch auch an einen hoch betagten Autor denken ließe, der sein Lebenswerk mit Anleihen bei jüngerer Dichtung meinte noch einmal etwas modernisieren zu sollen, wohl doch eine Verlegenheitslösung.

VIII

Versuchen wir, uns in einem Rückblick an die vorgetragenen Beobachtungen und Überlegungen kurz zu erinnern. Unsere Ilias lebt u.a. aus dem Widerstreit von Ansprüchen, die mit der Stellung, und solchen, die mit der Leistung begründet werden. Personifiziert wird dieser Streit in Agamemnon und Achill. Dieses Spannungsverhältnis, so klar es zunächst aussieht, wird jedoch zusätzlich problematisiert dadurch, daß sich die beiden Antagonisten demselben Gott gegenüber schuldig machen, Agamemnon zu Beginn durch die Kränkung eines Priesters, Achill am Ende durch die Schändung von Hektors Leichnam. Zwischen diesen Polen verläuft – aufs Ganze gesehen – eine Entwicklung, in der Agamemnon zwar bleibt, der er immer war, sich aber doch bemüht, aus seiner Isolation herauszukommen und wieder Anschluß zu finden an die Gefährten, während Achill in der Maßlosigkeit seines zunächst berechtigten Zornes zunehmend sich ins Unrecht setzt und einsam wird (III). Obwohl die Ilias das Geschehen nur einiger weniger Tage im zehnten Kriegsjahr erzählt, hat sie den Zusammenhang einer älteren Erzählung in sich aufgenommen vom Beginn des Krieges, vom ersten Angriff der Achaier, vom ersten Ausmarsch der Troer, vom Zweikampf der Hauptbeteiligten Paris und Menelaos und von der Mauerschau. Ob dieser

Zusammenhang und seine Teile einen anderen Autor gehabt haben als den Verfasser unserer Ilias, läßt sich zunächst nicht sagen. Jedenfalls gehören sie einer Konzeption, in der das Geschehen vor Troja einmal anders erzählt worden ist, und sie zeigen, daß unser Iliasdichter diese älteren Texte auffällig konservativ, geradezu pietätvoll auch dort behandelt hat, wo er sie mit wenigen Eingriffen leicht in seine neue Konzeption hätte einfügen können so, daß Spannungen und Ungereimtheiten wären vermieden worden. Nicht völlig ausgeschlossen also, daß er selbst der Autor auch dieser Teile des Gesamtwerkes gewesen ist und daß er in seinen eigenen Anfängen einer anderen Konzeption gefolgt ist und später manches aus diesen Anfängen bewahrt hat auch dann, als seine Ilias langsam zu dem wurde, was sie schließlich geworden ist (IV). Aus dem Rahmen der gut epischen Anschauung, daß alles Geschehen, besonders aber Sieg und Niederlage, Gelingen und Scheitern von den Göttern bestimmt wird, fällt jedenfalls eine und, wie ich meine, *nur* jene eine Szene heraus, in der der Dichter eine sehr moderne Anschauung zu Worte kommen läßt, welche besagt, daß dann, wenn die Götter zwei Gegner gleich begünstigen, der Kampf nicht notwendigerweise unentschieden ausgeht, sondern ein Sieg gegebenenfalls durch eigene Leistung errungen werden kann. Ob hier ein jüngerer Dichter spricht oder aber doch der hoch betagte Iliasdichter selbst, sei im Augenblick dahingestellt. Immerhin ist nicht zu übersehen, daß die fragliche Stelle sich im Aineiasabschnitt des 20. Buches befindet; und daß es mit Aineias in der Ilias eine eigene Bewandtnis hat, kann spätestens seit Karl Reinhardt jeder Interessierte wissen[48] (V).

Durch die Erkenntnis, daß die Erzählung vom Bau der Mauer um das Lager der Achaier Bezug nimmt auf die Zerstörung Babylons durch die Assyrer i.J. 689 bzw. auf den späteren Bericht davon und daß die Erwähnung des ägyptischen Theben als eines Beispiels für unermeßlichen Reichtum ein Echo ist auf dessen Plünderung unter Assurbanipal i.J. 663, haben wir für die Datierung unserer Ilias erstmals einen sicheren Terminus post quem. Wer daher heute mit einer Entstehung des Werkes etwa in den Jahren 670–630 rechnet, kann nicht völlig falsch liegen (VI). Bestätigung findet eine solche Datierung, wie ich denke, in der Tatsache, daß einige wenige Szenen, die unter dem Einfluß der am Ende des 7. Jh. geschaffenen Aithiopis stehen, so oberflächlich in unseren Iliastext eingefügt sind, daß dieser Sachverhalt die Existenz eines festen Iliastextes für die letzten Jahrzehnte

48 Dazu auch oben Anm. 11 und 37.

dieses Jahrhunderts geradezu voraussetzen, aber damit auch eine in dieser Zeit durchgeführte und dann maßgeblich gewordene endgültige Fixierung des Textes beweisen dürfte (VII).